唤醒男孩的学习力

刘玉琴　著

天津出版传媒集团
天津科学技术出版社

图书在版编目（CIP）数据

唤醒男孩的学习力 / 刘玉琴著. -- 天津 : 天津科学技术出版社, 2023.1

ISBN 978-7-5742-0523-9

Ⅰ. ①唤… Ⅱ. ①刘… Ⅲ. ①男性—家庭教育 Ⅳ. ①G782

中国版本图书馆CIP数据核字(2022)第172149号

唤醒男孩的学习力

HUANXING NANHAI DE XUEXILI

责任编辑：李晓琳

出　　版：天津出版传媒集团
天津科学技术出版社

地　　址：天津市西康路35号

邮　　编：300051

电　　话：（022）23332695

网　　址：www.tjkjcbs.com.cn

发　　行：新华书店经销

印　　刷：唐山市铭诚印刷有限公司

开本 880×1230　1/32　印张 5　字数 60 000

2023年1月第1版第1次印刷

定价：36.00元

前言

孩子的学习是家长们最关心的问题之一。家有男孩的家长觉得男孩其实很机灵、聪明，学习并不比女孩差，但大多数男孩贪玩，总是不能把精力放在学习上。

为此，家长们很是烦恼。那么，如何才能让男孩自觉关注自己的学习，唤起他们对学习的热情和持续的动力呢？这就是本书要讨论的话题。

男孩学习的内驱力埋藏在心底，需要靠外在的力量或自发的动力来唤醒。外在力量无外乎家长的引导、老师的帮助、环境的影响等，但重要且关键的还是男孩内在的动力。

家长是陪伴男孩成长的引路人，是男孩行动和效仿的对象，只有正确的引导才能让男孩健康成长。

那么，家长应该如何去引导男孩的学习呢？

一是在生活中，家长要培养男孩良好的生活习惯。生活中的好习惯对学习有着莫大的帮助，比如规律的作息、良好的时间管理等，都有益于学习。

二是正视问题，多一些鼓励。对孩子学习上遇到的问题及时发现、及时改正，更要善于发现男孩的优点，给他们积极的肯定和赞美，以激发男孩正向的内驱力。

三是在培养孩子的道路上，家长需要修炼一颗从容心。耐心管教，你才会看到孩子的进步和成长。

除此之外，激发男孩自身的内驱力是最为重要的一件事，这需要男孩拥有一定的学习能力和学习动力。培养男孩的学习能力，家长可以让孩子请教他人或传授孩子方法，或是让孩子不断在学习中总结；学习动力则需要培养孩子对学习的兴趣。

本书围绕“激发男孩的学习内驱力，提高学习成绩”这一主题，详细阐述了与男孩学习有关的八个方面：包括如何通过鼓励激发男孩的学习兴趣，如何帮助男孩树立学习目标，如何帮助男孩建立学习规则，如何教给男孩正确的学习方法，如何有效的引导男孩高效地完成作业，如何让男孩在阅读中找到学习的力量，父母如何在管教中控制好自己的情绪，以及父母如何发挥一个榜样的力量。通过多方面分析，为家长们释疑解惑。

书中不仅有广大家长反映的种种问题，还列举了相应的场景实例，家长可以进行参照对比，看看自家的孩子有没有出现类似的问题，及时发现并督导。文中还对男孩学习上的各种问题做出了探讨，并根据原因提出若干方法和建议，希望能帮助您提升孩子的学习力。

目录

Part1　积极鼓励，提高男孩的学习力

Part2　确定学习目标，激发男孩的学习动力

Part7 耐心管教，好情绪助力男孩学习进步

Part8 做好榜样，让男孩成长更有力量

Part 1

积极鼓励，提高男孩的学习力

赞扬和奖励，让男孩学习更积极

有的家长说，自家的男孩平时一说到玩儿挺积极，可一到学习的时候就磨磨蹭蹭、拖拖拉拉，一点儿学习的积极性都没有。我们来看下面的例子：

楠楠上小学三年级，性格活泼，学习成绩处于班级中等水平。楠楠喜欢和小伙伴们一起踢球、打游戏。最近一放学，楠楠就跑出去玩儿，玩耍的时间多于学习的时间。妈妈提醒楠楠该写作业了，楠楠意犹未尽地还想着玩儿，对没写的作业一点儿都不着急。妈妈对此感到很无奈。

男孩学习积极性不高的原因

◆ 认为学习没用。男孩会想：学习这么麻烦，将来也不一定都能用到。所以不想学习。

◆ 贪玩。男孩一般更关注踢球、打游戏这些活动，没有把注意力放在学习上。

◆ 缺乏鼓励。家长很少关注男孩的学习，很少鼓励男孩，男孩学习的积极性就会不高。

家长怎么做

以上这些原因都会导致男孩学习的积极性不高，没有学习动力。家长要怎么做才能提高男孩的学习积极性呢？可以从以下几点进行。

1 告诉男孩学习很重要

家长要认真地告诉男孩学习非常重要，每个孩子都要认真对待学习。

2 把学习常规化

（1）约定学习的时间。家长和男孩约定学习的时间，到了约定时间，孩子就得去学习或写作业，并且要保证在完成学习任务的情况下才能去做别的事。

（2）利用奖励机制。家长可以和男孩约定：学习半小时可以看10分钟电视或得到想吃的零食，即完成学习目标后能得到适当的奖励。

（3）制订可行性计划。根据男孩的实际情况制订可行的学习计划。按照科学的计划学习，男孩才不会感到吃力。

3 多给男孩一些鼓励

平时，家长要多给男孩一些鼓励。家长充满鼓励的表情、话语能让男孩获得满满的动力，从而使其更热爱学习。家长要关注男孩的成长，有的男孩很在意细节，家长在生活中简单一句“学习真努力啊”“今天完成作业的效率比上周有提升”，就能让男孩感受到家长的关注，并因此充满自信和动力。

小结

让男孩产生自主学习的意识。当男孩自发地想要做一些事情的时候，他们的学习力就会大大提升。

激发好奇心，培养男孩的学习兴趣

很多家长反映说：孩子对学习提不起兴趣，写作业的时候总是心不在焉。下面例子中的小洋就是一个典型：

小洋的学习成绩不是很好，爸爸妈妈看在眼里，急在心里。小洋不想写作业，他说："写作业很枯燥，不是写就是练的，没意思。"小洋也不喜欢看书，他说："这么多字，什么时候能看完？"妈妈苦口婆心地劝小洋，可是小洋就是对学习提不起兴趣。爸爸妈妈不知道该怎样引导小洋，才能让他对学习产生兴趣。

男孩对学习不感兴趣的原因

◆ 缺乏好奇心。男孩对所学知识不感兴趣，缺乏探知的欲望，所以不喜欢学习。

◆ 认为学习是一件枯燥乏味的事情。男孩不喜欢学习，可能是因为他们在以往的学习过程中，感到学习就是无聊的重复，对此产生了厌倦情绪，所以面对学习就想逃避。

家长怎么做

男孩对学习没兴趣，主要是因为他们对知识的好奇心和探索欲没有被激发出来。帮助男孩找到所学知识的兴趣点，激发男孩对知识的探索欲，才能让他们对学习感兴趣，这样他们学习起来才会更轻松。家长可以从以下方面着手。

1 家长爱学习，男孩对学习有兴趣

家长乐于探索新的知识和技能，专注地学习，男孩看

到家长对学习的执着，就会产生“学习令人快乐”的思想，自然而然也愿意投入学习中。

2 鼓励男孩找到感兴趣的事物，让他从感兴趣的内容学起

男孩对自己感兴趣的事物都很专注，愿意花时间学习、了解、探究其中的奥秘。家长应多观察孩子，鼓励孩子找到他感兴趣的事物，跟他一起玩，一起聊这些事物，循序渐进地引导他关注自己的学科。

3 激发男孩的好奇心、探索欲

在学习新知识时，只要成功激发起男孩的好奇心和探索欲，就会让他学起来很轻松。比如家长带男孩参观天文展，男孩对天文展上的各种仪器、布景很感兴趣，这时家长就可以给男孩讲解一些天文知识，以激发他对天文知识的求知欲。当孩子的求知欲被激发起来后，在接下来的学习中不用家长督促，孩子就会自主、积极地找资料，探究这部分知识，并且享受这样的过程。

小结

从男孩感兴趣的事物、话题出发，帮助男孩打开认知的新窗口，能够让男孩保持强烈的求知欲。

培养学习好习惯，男孩学习有常性

有的家长说“我儿子学习就是三分钟热度，学一会儿就不学了”；有的家长说“我儿子学习全靠催，要不然就‘三天打鱼，两天晒网’，不催不管就不学”；还有的家长抱怨“男孩最难管了，天天想着玩，催着管着又怕孩子逆反”。一起来看下面的例子：

昭昭今年上小学三年级了，爱玩的天性一点儿都没收敛。每天放学回到家，昭昭丢下书包就跑去玩儿。这天，昭昭又要像往常一样跑去玩儿，爸爸问他在学校都学了什么知识，他支支吾吾地说老师布置了背诵古诗的作业。昭昭在爸爸的催促下终于开始背诵了，可还没背熟，他就又从房间跑出来玩儿了。

男孩为什么学习没常性

◆ 对学习不重视。男孩常常想着玩耍、游戏，对学习没有兴趣，不在意。

◆ 没有形成良好的学习习惯。因为小学阶段的知识内容都比较简单，家长通常不会强调男孩的课后预习和复习，所以男孩没有形成良好的学习习惯。

家长怎么做

男孩学习没常性，家长可以从以下方面着手。

1 对男孩强化学习的好处

家长可以经常和男孩讨论他在学校学习的内容或他感兴趣的知识，也可以让男孩说一说学习时发生的趣事，聊一聊学习的心得和感受，关注男孩的学习成绩和在学校的表现。这些都能强化男孩对自身学习的关注，也能让男孩重视自己的学习，热爱学习。

2 让男孩学会制订学习计划

对于男孩来说，制订学习计划能够帮助他们明确学习内容和目标。家长可以向男孩征求学习计划的制订意见，根据男孩的实际情况和男孩一起制订合适的学习计划。然后要让男孩认真执行计划，这样不但能培养孩子的学习习惯，还能增强其不断学习的意识和能力。

3 培养男孩学习的好习惯

（1）培养男孩课后学习的习惯。男孩到了学龄期，家长应当对男孩的学习习惯加以重视，让男孩在放学后留出固定的时间复习和预习。

（2）培养男孩日常学习的习惯。小学阶段是孩子养成习惯的关键期，家长可以和男孩约定每天的学习时间和玩耍时间，制定放学后先学习再玩耍的规则，让男孩养成日常学习的习惯。

（3）培养男孩课外阅读的习惯。阅读课外书可以让男孩开阔眼界，不断积累新知识。家长可以鼓励男孩在完成学校的学习任务后阅读课外书，慢慢让男孩养成课外阅读的习惯。

小结

家长要让男孩养成好的学习习惯，好的学习习惯能让男孩保持好的学习状态，从而让学习成为他们生活中不可缺少的一部分。

鼓励男孩遇到困难坚持一下

有些男孩在学习中一遇到困难就选择放弃，这对他们的学习和成长都是不利的。家长要告诉男孩无论学习还是做事都要学会坚持，选择放弃很容易，但选择坚持才是最勇敢的。我们来看君君妈妈是怎么鼓励孩子的：

君君在做数学练习题的时候，遇到不会做的题目很烦躁，就放弃不做了。君君玩游戏的时候，别人赢了，他输了，便不高兴地发脾气说："不玩了，以后再也不玩了。"君君不管做什么总是这样，容易的事便会很开心地做，一旦遇到一点儿困难就会选择放弃。妈妈见他这个样子，就对他说：“做事情要都像你这个样子，恐怕什么事情都做不成了。”君君不解，妈妈接着说：“对于容易的事情，我们要努力把它做好；对于困难的事情，我们一定要学会坚持去做。坚持了才有做好的可能，放弃了就什么事情也做不好。”君君听了妈妈的话，决定以后遇到困难不轻易放弃。

男孩遇到困难不懂坚持的原因

◆ 不懂坚持的重要性。男孩不懂遇到困难要坚持，只有坚持才能一点点解决困难，放弃永远不能解决困难的道理。

◆ 认为困难难以克服。男孩面对困难时，把困难想象得很难，认为困难无法克服，所以选择逃避。

家长怎么做

当男孩遇到困难就选择放弃，不懂得坚持时，家长可以尝试下面的引导方式。

1 鼓励男孩遇到困难坚持一下

男孩在生活或学习中遇到困难时，家长要鼓励男孩敢于面对，有坚持一下的勇气，而不是轻易选择逃避。

2 告诉男孩坚持了才有解决问题的可能

面对困难或挫折时，让男孩学会静下心来想一想用什么办法才能解决困难，尝试一点点解决困难的方法。如果选择了放弃就永远没办法解决困难。

3 让男孩知道不断坚持会离成功更近

家长要告诉男孩，只有不断坚持，持续努力，才能离目标更近。同样的道理：在遇到困难时，要学会用坚持不懈的精神鼓舞自己，尝试解决困难，这样才能真正克服困难，从而离成功更近。

男孩通过努力克服困难后，会发现其实困难并没有想象中那么可怕，勇敢尝试解决困难也并没有那么难，这样，等他们再遇到困难时，就能够产生面对困难、解决困难的勇气。

小结

坚持是宝贵的品质。如果男孩在学习上遇到困难不放弃，仍持之以恒地努力，那么终会达成目标。

Part 2

确定学习目标，激发男孩的学习动力

引导男孩向榜样学习

一位妈妈为孩子学习没动力感到很苦恼，不知道该怎么引导孩子学习。后来这位妈妈参考了书上说的——给男孩找学习榜样，男孩心中有了学习的好榜样，学习的信念感就增强了。

最近，上二年级的壮壮经常和邻居小红一起玩。妈妈知道小红的学习成绩很好，人缘也很好，就鼓励壮壮说："小红姐姐很爱学习，你要向她学习哦！"壮壮自信地说："当然了，有小红姐姐做榜样，我会更努力学习的。"

男孩学习信念感不强的原因

◆ 不知道学习是为了什么。由于男孩年龄小，认知力尚不全面，他们不知道学习对自己的成长很重要。

◆ 不知道为谁学习。很多男孩会陷入这样的误区：家长常常督促自己学习，以为学习就是为了爸爸妈妈而学，所以学习没动力。

◆ 缺乏榜样的带动力量。如果男孩的成长环境中缺少爱学习的哥哥姐姐作为榜样，他们就会缺少对学习的执行力；反之，如果男孩的成长环境中有爱学习的哥哥姐姐作为榜样，他们自然而然地就会产生像哥哥姐姐一样好好学习的动力。

家长怎么做

家长要帮助和引导孩子向优秀的同学或邻居看齐，以他们为学习的榜样，可以通过以下方法进行。

1 让男孩明确学习是为自己而学

家长要让男孩知道，学习是为了丰富自己的知识，增长自己的能力，家长督促他们学习是为了让他们更好地成长。要让男孩知道学习是为自己学的，不是为别人学的，学到的本领永远是自己的。

2 为男孩找到学习的榜样

家长要鼓励男孩和学习积极的邻居、亲戚、同学成为好朋友。和他们在一起学习交流，男孩学习的积极性也会提高。当然，家长也要要求自己不断学习，努力提升，为男孩树立良好的学习榜样。

3 学习中遇到困难，让男孩想一想榜样是怎么做的

男孩在学习中遇到困难时，家长可以让男孩想一想他们的榜样是如何勇敢面对困难、战胜困难的，激发男孩克服困难的勇气，从而更好地学习。

小结

榜样就像一座“灯塔”，让男孩学习时有信念，遇到困难时有方向。

让男孩相信自己有成为学霸的潜力

有些男孩在学习上总是不自信，导致学习成绩平平。对此，家长很苦恼，不知怎样做才能提高孩子的自信心。我们来看下面的例子：

珂珂每次考试的成绩都处在班里的中等水平，时间长了，珂珂认为只要不退步就好，考第一名是别人的事儿。

妈妈总是关切地问："考得怎么样啊？"珂珂说："还是那样，没有进步也没有退步。"妈妈说："这可不行啊，学习可不能是这样的心态，要知道不进则退的道理。”妈妈接着说：“如果你学习再努力一点儿，一定有成为学霸的潜力！”珂珂听后，感觉有了信心，说道：“妈妈，我一定会努力的。”

男孩学习不自信的原因

◆ 男孩对自己的学习要求不高，他们要求自己不断进步、向优秀的同学看齐的积极性也不高。他们认为只要学习不落后，考多少分、考第几名都没关系。

◆ 男孩在学习上进取心不强，他们没有要求自己向优秀的同学看齐，多努力一点儿，所以学习总是不进步。

◆ 男孩学习的自信心不足，他们认为成为学霸、考第一名是成绩名列前茅的同学要考虑的，自己再努力也成为不了。

家长怎么做

家长如何让男孩有充足的学习动力，让男孩相信自己只要努力，学习就会有进步，成绩就能得到提升，进而成为同学们羡慕的学霸呢？可以从以下几方面进行。

1 提高男孩的进取心

可以学习例子中珂珂的妈妈，告诉男孩学习不进则退的道理，提高男孩在学习上的进取心。家长平时要多关心男孩的学习，询问男孩的学习情况，关注男孩的考试成绩，鼓励他们不断进步。

2 让男孩向优秀的同学看齐

家长可以让男孩说一说班里有哪些优秀的同学，鼓励男孩向优秀的同学看齐，不断努力。

3 让男孩相信自己有成为学霸的潜力

男孩在取得进步时，家长要及时鼓励，以增强男孩学习的自信心。他们知道只要不断努力，自己的成绩就会逐渐提高，并且更有信心，学习时也就会更积极。

小结

“相信自己能行”是男孩学习和成长道路上强大的动力。

引导男孩找到竞争目标

一位家长说他家男孩学习的积极性不高，于是他就拿孩子班上的好学生举例说“要向成绩好的同学学习”，可孩子却无动于衷，学习上并没有什么起色。其实，这是因为家长的激励方式不对，对男孩的定位不准确，男孩的学习目标就不清晰。我们来看下例中晨晨妈妈是怎样做的：

晨晨的学习成绩处于中等水平，学习也不积极主动，妈妈想这样下去可不行，不然差距会越来越大。于是妈妈对晨晨说：“听说你们班的王小同跟你成绩差不多，我觉得你再稍微努力一下，成绩肯定比他好。”晨晨一听来了精神：“是吗？我多努力一点儿就能超过王小同了吗？”妈妈笑着说：“当然了。”于是，晨晨在接下来的学习中更加积极了。果然，在之后的考试中，晨晨的学习成绩有了提升。

男孩在学习上不善于竞争的原因

◆ 没有制定学习目标。因为男孩的学习目标不明确，不知道在学习的过程中要实现怎样的目标，所以他们学习起来很盲目。

◆ 对自己的学习情况缺乏认识。男孩很少关注班里同学的学习情况，也对自己的学习情况缺乏了解，导致他们在学习上不善于竞争。

◆ 没有找到合适的竞争目标。男孩缺乏寻找学习上竞争目标的能力，不善于找合适的竞争目标，所以学习不积极主动。

家长怎么做

男孩在学习上缺乏竞争意识，学习的状态就容易自由散漫，对此，家长可以像下面这样做。

1 鼓励男孩关注班里同学的学习情况

家长要鼓励男孩多关注班里优秀同学的学习情况，鼓励男孩向优秀的同学请教好的学习方法，弥补自己学习方法上的不足。家长也要让男孩关注班里和自己学习成绩差不多的同学的学习情况，来对比自己的学习情况。

2 引导男孩找到学习上的竞争目标，尝试超越目标

当男孩找到学习成绩、学习状况和自己相差不大的同学后，家长可以利用男孩的好胜心，鼓励男孩以某个或某几个同学为目标，让男孩通过努力来赶超目标。男孩赶超了竞争对手之后，其自信心会提高，在之后的学习中，男孩还会为自己树立一个新的学习目标，并不断努力实现新目标。

3 把实现一个愿望当成超越目标的奖励

当男孩实现一个学习目标后，可以满足男孩一个愿望来作为奖励，以促使男孩更加努力地学习。

小结

在学习中鼓励男孩寻找竞争对手，并努力超越对手，男孩的学习就能进步一大截。

树立远大志向，让男孩学习有动力

一天，圆圆问爸爸：“好好学习，将来能当科学家吗？”

爸爸说：“当然能啦，好好学习是成为优秀的科学家的基础。”

过了几天，圆圆又问爸爸：“好好学习，将来能当医生吗？”

爸爸纳闷：孩子的志向变得也太快了吧。但是爸爸想了想，觉得圆圆毕竟年龄还小，能有一个好的想法还是要鼓励的，于是就说：“现在好好学习，将来说不定能成为优秀的医生哦！”

爸爸说完，心想圆圆有了理想就能好好学习了，可是爸爸发现圆圆非但没有更专注地学习，反而又换了一个志向：“我将来想当宇航员，去外太空！”

男孩志向不清晰的原因

◆ 志向只是口头禅。有很多男孩总喜欢把“我将来要当……”当作自己的口头禅，可实际上他们并不清楚所谓的志向到底意味着什么，所以家长要告诉男孩，真正的志向不是用来宣扬的，而是要通过努力学习去实现的。

◆ 树立的志向不切实际。比如有的男孩把自己的志向定得很宏大，实际上操作起来不符合实际，难以实现。

◆ 空有志向，缺乏行动。男孩有理想和志向是好事，但空想和不行动不仅实现不了任何理想，还会让目标不清晰，从而丧失志向。

家长怎么做

家长可以鼓励男孩树立理想，但更要引导男孩把理想落实到具体的学习上。具体可以参考下面的方法。

1 不要常立志

如果男孩暂时没有理想，不要让他随便地、随意地下决心，否则容易让他陷入“常立志”的误区，这样非但起不到立志明确目标的作用，反而让他失去激发自身学习的原动力。

2 努力学习，打好文化基础

家长要告诉男孩，要想实现自己的志向，就要把行动落实到具体的学习上。现在要踏踏实实努力学习文化知识，为将来实现志向打好基础。

小结

早早地在男孩心中埋下理想的“种子”，对男孩的自发成长很有帮助。

教男孩学会制定切实可行的学习目标

目标对孩子的学习很重要，家长该如何和男孩制定切实可行的目标呢？我们先来看下面这个例子：

成成的学习成绩不是很好，平时学习的时候总是自由散漫，妈妈说没有学习目标可不行，如果能制定好学习目标，在学习的时候就会有方向、有动力。于是，成成就给自己制定了一个目标——成为班里的“三好学生”。妈妈听后说：“成成，有信心是好事。但是你看，咱们目前的学习情况可能有点儿不理想，所以不妨先把目标定在提高成绩上。”成成听取了妈妈的建议，在接下来的学习中更加努力了。

男孩制定学习目标不切实际的原因

◆ 很少定目标。男孩学习自由散漫，很少会想到在学习上给自己定目标，所以会出现制定的目标不切实际的情况。

◆ 没有结合自身的学习情况制定。男孩制定的学习目标不切实际，是因为他们没有结合自己的学习情况，把目标定得太大，导致难以实现。

家长怎么做

只有制定符合男孩实际学习情况的目标，他在学习时才能有动力，进而通过一步步努力去达成目标。家长可以引导孩子根据自己的学习情况制定学习目标。

当男孩把学习目标定得过高时，家长可以引导男孩去思考在一定时间内能否达成目标，如果目标确实过高，不切实际，就把这个大目标分成若干个小目标，逐一实现小目标，最后完成大目标。比如男孩把目标定为“考班级第一名”，但他目前的各科成绩平平，那么就将目标定为“在一个时间段内重点提高单科成绩，在下个阶段提升另一个科目，最后实现所有科目的全优”。

小结

教男孩制定目标要切合实际，只有把一个个切实可行的小目标完成才能实现更高的目标。

向着目标一步步落实计划

有位家长说，他和儿子制订好了学习计划，可是孩子没执行几天就出现了懒散的情况，他很着急：不落实计划怎么达成目标呢？我们来看小风爸爸是怎样做的：

新学期开学了，小风给自己制订了一个学习计划：每天背 20 个英语单词，每天放学后做 5 道数学题，每天睡觉前看 1 小时书……

可是没过一个星期，小风落实计划的行动力就明显减弱了。他背单词的时候也不积极了，原计划每天做 5 道数学题，现在每天只做 1 道，睡觉前看书的计划也直接取消了。爸爸说："自己制订的计划一定要认真执行，不能半途而废，否则不仅制订计划没有了意义，恐怕任何学习目标都达不到了……"小风想了想，觉得爸爸说得很对，于是坚持按照学习计划来要求自己，认真完成每天的学习计划。

男孩不落实计划的原因

◆ 偷懒的心理。男孩抱有侥幸心理，觉得偷会儿懒不会影响学习计划，但是不断地拖延就会影响学习计划的实施。

◆ 不够自律。男孩制订好了计划，可是实施计划的时候因为不够自律，会产生反正拖一拖也没关系的想法，从而导致计划不能按时完成。

家长怎么做

男孩在执行计划时出现偷懒、不严格按计划去做的情况，家长可以像下面这样引导。

1 实行阶段奖励

家长可以教男孩把学习计划分为几个阶段，当男孩坚持完成一个阶段的学习计划后，家长可以给男孩适当的奖励，以鼓励男孩接着执行下一个阶段的计划。男孩每认真完成一个阶段的学习计划后，家长可以设置适当的休息时间作为奖励，完成得越认真，得到的奖励时间越多。

2 男孩认真完成全部计划可以得到赞扬

当男孩认真完成全部计划时，他一定能获得满满的成就感。这时，家长也要热情地赞扬孩子，这样可以让孩子对以后的学习更有信心。

小结

家长要告诉男孩，只有踏实落实学习计划，才能不断靠近学习目标。

培养男孩自律学习的习惯

家长说，男孩学习一段时间能按照学习计划要求自己，可过一段时间就不按计划要求自己了。对于男孩不能自律学习的状况，家长要如何引导孩子改变呢？我们来看下面的例子：

小柱每天放学后都能按时完成作业，可是一到了周末，他就会犯“拖延症”，总是要拖到星期日下午才开始做作业。妈妈看他学习不够自律，就对他说：“一个人如果每天都能保持自律，那么他的生活、学习就会井井有条，工作也能得心应手；如果不能保持自律，那生活、学习上就会出现各种各样的问题。你一定不想这样吧？”小柱仔细想想，认为妈妈说得很对，于是要求自己每天自律学习。

一段时间过去了，妈妈看到小柱的改变，表扬小柱：“看到你现在越来越优秀，妈妈真的很为你高兴！”小柱也深刻感受到了自律学习带来的好处。

男孩不能保持自律学习的原因

◆ 认为有时偷懒不会有很大影响。男孩认为自己在正常的学习时间内能够保持自律已经很好了，其他时间偷懒也没关系。

◆ 没有感受到持续自律带来的益处。男孩没有意识到自律学习能够节约出很多的时间，做更多有意义的事情，能让自己养成良好的习惯，从而收获更多。

家长怎么做

男孩学习不能保持自律时，家长要善于让男孩自我发现，只有他们真正认为持续自律是好习惯时，才能真正要求自己保持下去并养成习惯。

家长可以这样引导：家长可以让男孩回忆他在学习时保持自律的好处，比如放学认真完成作业后能有很多自由安排的时间；再对比不能保持自律的坏处，比如作业等到周末才做，因为受到着急完成作业的不好心情的影响，作业质量变差，以致用于课余学习和玩耍的时间少之又少。这样一对比，男孩就知道了保持自律学习的重要性。

需要注意的是，当男孩自律学习后，家长要及时表扬，可以说“自律学习的你真棒”“继续保持自律学习，好处多多”等，鼓励男孩养成日常自律的好习惯。

小结

自律是优秀的习惯，持续保持自律将使男孩受益终身。

Part 3

建立规则，贪玩的男孩也能专注学习

建立规律学习和适度玩耍的规则

有的家长说，孩子总是学习的时间不停地学，玩耍的时候又常常忘了学习。对于这样的情况，家长可以给男孩建立规律学习和适当玩耍的规则，让孩子学会合理安排学习时间和玩耍时间。我们来看下面的例子：

小朋很喜欢学习，但是他没有规律学习的习惯，学习的时候常常一连好几个小时坐在书桌前，有时还会学到很晚才去睡觉，结果导致第二天没精神。小朋也爱玩，每次和小伙伴玩得高兴就忘了写作业，回到家才想起来作业还没做，于是又加紧写作业。而写作业的时候又往往因为在玩耍时已经消耗了精力，写着写着就趴在桌子上睡着了。对此，爸爸妈妈常常是既生气又无奈。爸爸对小朋说：“学习有积极性是好的，但是不能不停歇地学习，否则会导致接下来的学习精力不足，也不利于身体健康。当然也不能光记着玩儿而忘记学习。”小朋也认识到了这个问题，决定改正自己的不良习惯。

男孩不能做到规律学习和适度玩耍的原因

◆ 时间观念不强。男孩的时间意识不强，常常掌握不好学习和玩耍的时间。

◆ 缺乏学习计划。男孩没有制订自己的学习计划，或者制订了计划却没有按计划实施，以致在学习的时候就容易出现延时、过度学习的状况，在玩耍的时候忘记了学习，把时间都耗费在了玩耍上。

家长怎么做

针对男孩不能做到规律学习和适度玩耍的情况，家长可以从以下几个方面来帮助男孩调整、改正。

1 建立先学习后玩耍的规则

男孩进入学龄期后，家长要逐渐帮助男孩建立先学习后玩耍的规则。可以和男孩约定，放学后要先做功课，等功课完成之后再去玩耍、休息或者安排其他活动。

2 制订合理的学习计划

家长可以和男孩制订一个学习计划，把每天要完成的学习任务一一列举出来，并给每项学习任务设置合理的完成时间，比如放学回家后休息半小时再开始做功课，根据功课的难易程度将学习时间控制在半个小时到一个小时之内。

3 约定玩耍的时间

家长要和男孩约定玩耍的时间要和学习的时间持平

或不能超过学习的时间，不能让玩耍影响休息和其他的日常活动。

小结

要想给男孩建立规律学习和适度玩耍的规则，先要培养男孩良好的生活习惯，教男孩制订合理的学习计划并按计划实施，和男孩约定适当的玩耍时间，逐渐调整和改正男孩学习不规律和贪玩的坏习惯。

将打游戏作为学习后的奖励

一位妈妈说："我儿子很喜欢打游戏，有时简直到了痴迷的程度，他如果能把对游戏的热爱放在学习上，那学习成绩肯定很好，也就不用我们操心了。"对于男孩爱打游戏胜过爱学习的情况，家长要怎么引导，才能让孩子把注意力放到学习上来呢？

男孩爱打游戏不爱学习的原因

◆ 打游戏能带来轻松、刺激感。男孩喜欢打游戏，是因为游戏中设置的关卡对男孩来说具有挑战性，每过一关能给男孩带来所谓的"胜利""喜悦"的感觉，所以男孩喜欢打游戏。

◆ 认为学习枯燥、难、累。对于不爱学习的男孩来说，学习的时候自然会感到枯燥、又难又累，所以他们不喜欢学习。

◆ 没有体会到学习其实是快乐的事情。爱学习的男孩会觉得学习是快乐的，因为他们在学习的时候能够感受到乐趣；而不爱学习的男孩不觉得学习很快乐，因为他们没有体会到克服学习困难所带来的愉悦和成就感，所以不喜欢学习。

家长怎么做

男孩爱打游戏不爱学习，是因为他们把注意力和好奇心都用在了玩游戏上面，没有重视自己的学习。家长要想改变这样的状况，就要强调学习的重要性，并讲清楚沉迷打游戏带来的后果，给男孩建立学习规则，家长可以像下面这样做。

1 让男孩认识到沉迷于打游戏的危害

家长可以借助生活中因为打游戏而荒废学习的实例，让男孩引以为戒。如果男孩出现沉迷于打游戏而不能控制时间的情况，家长就要给男孩强调学习的重要性，并讲清楚沉迷打游戏带来的后果，给男孩建立学习规则，并没收男孩的游戏设备。

2 让男孩认同学习才是重要的事

家长要很认真地告诉男孩，学生最重要的事情是学习，不是打游戏，打游戏带来的只是暂时的快乐，而在学习中获得的知识和学会的方法才是真正的本领，所以学习远远要比打游戏重要。

3 让男孩体会学习时的快乐

家长可以和男孩分享学习后的心得，以及从学习中所体会到的快乐和成就感，让男孩知道原来学习所带来的快乐要比玩游戏带来的快乐更充实。家长也可以和男孩一起学习，男孩做功课，家长读书、办公或钻研专业知识，和男孩共享学习的美好时光。男孩在学习中感受到乐趣，才能更爱学习，更愿意把注意力放在学习上。

4 把打游戏当学习之后的激励

家长和男孩约定，把打游戏放在学习之后，可以把打游戏作为学习之后的奖励，鼓励男孩学习的积极性。男孩高效优质地完成作业后，家长可以和男孩一起打游戏，适当进行放松。

小结

要想让男孩把注意力放在学习上而不是打游戏上，就要让男孩知道学习要比打游戏重要，让男孩体会到学习所带来的快乐要远比打游戏带来的短暂快乐更充实。

男孩喜欢成群结队，不如组团学习

男孩总是喜欢成群结队地一起玩，一起打游戏，一起参加体育活动。但有时男孩常常一玩起来就忘记了学习，家长也很困惑，怎样才能让男孩既拥有良好的友谊又能把学习搞好呢？我们来看下面小全的妈妈是怎么做的：

小全很喜欢跟小伙伴们一起玩，可是一玩起来就会忘了时间。平时放学后，小全会先和朋友踢足球，到很晚才开始写作业。周末休息时，小全会和小伙伴一起玩游戏，将周末作业放到周日晚上做。妈妈看小全这个样子，担心他因为玩儿把学习延后，迟早会耽误学习。于是，妈妈在小全和小伙伴一起玩的时候，说："我有一个主意，不如把在一起玩耍的时间留出一部分用来一起学习，大家采用竞赛的模式比学习，怎么样？"小伙伴们听了纷纷赞同。于是，小全在没有放弃跟大家一起玩的情况下，还把学习搞好了，妈妈的办法真有效。

男孩喜欢成群结队的原因

◆ 认为一起玩很热闹。男孩在一起玩，是因为男孩喜欢热闹的气氛，大家一起欢声笑语，能让男孩感到快乐。

◆ 群体意识强。男孩希望能和朋友们打成一片，不脱离群体。

家长怎么做

男孩若因成群结队贪玩而忘了学习，家长最好的做法就是调动孩子们的积极性，让他们把组团玩耍的时间用在一起学习、一起进步上。这样不仅能让孩子们维持更好、更健康的友谊，对每个人的学习也都有督促作用。具体做法如下。

1 在玩耍的时间加入知识竞赛

当孩子和他的伙伴在一起玩耍时，家长可以引导他们一起参加知识竞赛，比如猜谜语、猜字谜、对歇后语等，从而将他们的注意力转移到与知识有关的方面上来。这样既能满足男孩从群体活动中获得快乐，又能让男孩潜移默化地学习到碎片知识，关注学习。

2 把打游戏的时间分配到写作业上

当孩子想和他的伙伴们一起打游戏时，家长要和他们约定，写完作业就可以放松畅快地打半小时游戏，如果没有写完作业，就不能玩。男孩们一定会先完成作业，这样就等于把男孩们打游戏的一部分时间分配到了学习上。

3 让男孩们一起探索学习

男孩有强烈的好奇心，他们在一起玩的时候，家长可以提出一些有趣味、有探索意义的话题，让他们通过找资料、看书去获得答案，这样的过程能锻炼男孩的思考和探索能力，让男孩真的喜欢上学习。

小结

建立规则且适当引导，可以让男孩在玩耍中也能学到知识，在获得友谊的同时更爱学习。

运动为了强身，学习为了修炼气魄

男孩喜欢打篮球、踢足球、跑步等体育项目，他们喜欢在各项体育锻炼中挥洒汗水，却不爱开动脑筋去学习。对于这样的情况，很多家长不知道该怎么做。锻炼能强壮男孩的身体，让男孩拥有健康的心理状态，对男孩的成长有益；可是男孩不爱学习要怎么引导呢？我们来看下面例子中小泰的爸爸是怎么做的：

小泰最喜欢的课程就是体育课，上课前他会准备好运动服，帮老师搬跳高软垫，去器材室拿篮球、羽毛球、乒乓球等体育器材，总之，一听到上体育课就非常积极。可是小泰的学习成绩很一般，他对学习文化知识不感兴趣。爸爸看到对学习一点儿不上心的小泰，想让他把对体育锻炼的热情分到学习上来，于是找了一个机会和小泰分享学习的快乐，还分享了自己学习的故事。爸爸说：“体育运动使我们的身体强壮，学习使我们的学识和思想丰富，人只有身体和精神都充沛，才会拥有真正的气魄。”小泰听明白了爸爸的意思，决定以后认真对待学习。

男孩爱运动不爱学习的原因

◆ 不爱动脑筋。男孩活泼外向，好动不好静，不能坐下来持久、专注地学习，一遇到需要动脑筋思考的问题就坐不住。

◆ 运动能带来愉悦感。男孩喜欢富有挑战性的运动，他们从运动中能获得快乐。

◆ 获得成就感。男孩们关注运动，体育和锻炼是他们津津乐道的话题，他们通过参加体育活动，成为群体中的积极参与者，从而获得成就感。

家长怎么做

男孩只喜欢体育运动，却不喜欢学习，对此，家长可以从以下方面启发男孩：

1 让男孩用体育锻炼的精神去学习

爱锻炼的男孩一定不怕吃苦，有耐力，富有挑战精神。对于这样的男孩，家长只要合理引导，就能让他们爱上学习。

2 夸赞男孩在学习上取得的成绩

爱运动的男孩才思敏捷，家长一定要相信男孩有学好文化知识的能力，并且夸赞男孩的天赋、优点。对于男孩在学习上取得的进步，家长也要给予积极的表扬、肯定。让男孩知道除了运动外，学习也是人生中重要的事情。

3 和男孩一起锻炼，一起学习

家长要有效陪伴男孩。家长可以利用周末时间和孩子一起跑步、踢球，参加活动。平时一有时间，家长也要和男孩一起学习、读书，给男孩树立良好的学习榜样。

小结

家长要鼓励男孩常常锻炼、努力学习，这样才能拥有强健的身体和聪慧的头脑。

假期玩乐，休息时也能学习

男孩最开心的事情就是放假，因为放假了就可以自由自在地玩耍，不用每天被爸爸妈妈催着、管着做作业，可问题是在放假期间，很多男孩的作息不规律了，玩耍的心思加重了，假期作业总是一拖再拖，以致快开学了犯上了“假期综合征”。所以很多家长希望孩子在适当放松和休息的同时能不忘记学习，坚持规律的作息和学习状态。我们来看下面的例子：

终于放假啦，放假的第一天，明明睡到快中午才起床，下午他和同学一起出去玩耍，晚上回到家就守着电视机看节目，这一整天都没想起来要学习和写假期作业。因为晚上看电视太晚了，第二天明明又赖床。妈妈看到孩子这样懒散，想着假期如果这样下去，作息规律和学习计划就都被打乱了，下学期的学习肯定会受影响。尽管妈妈努力督促明明按照之前的假期计划实施，但还是失败了。快开学了，妈妈发现明明的假期作业还有很多没做完，需要在假期结束前抓紧时间做完，而且日常作息也需要在假期结束前调整好，不然就会在开学后变成“起床困难户”。

什么原因导致男孩患上“假期综合征”

◆ 男孩认为放假了终于有时间可以好好玩了，一定要利用这段时间好好放松一下，但不规律的作息却可能让他们养成不好的习惯，贪玩容易让他们到开学的时候难收回心来学习。

◆ 男孩认为学习了一个学期很累了，放假的时间就要好好休息，等下个学期再开始学习也不迟。

◆ 放假期间，男孩的作息比平时要松，要求也不严格，导致男孩贪睡、贪玩、没节制地看电视等，这样就把正常的作息打乱了。

◆ 男孩制订的假期计划因为一件或多件事而被打乱，整个计划就会一拖再拖，以致最后一项都没有执行。

家长怎么做

在假期，家长该怎么引导孩子学习呢？

1 假期休闲、玩乐中也能学习

不管是家长带着男孩外出游玩时，还是男孩在家里玩耍、娱乐时，男孩都可以学到很多知识。比如看电视节目时可以选择一些益智的节目，如《最强大脑》《我爱古诗词》等，在轻松愉悦中就能学到知识。

2 利用假期拓展新技能

假期生活丰富多彩，家长可以引导男孩利用这段时间拓展一项新技能，比如学街舞、游泳、乐器，这样就在休息的时间学到了以前因为时间关系没有学到的东西。

3 保持规律的生活作息

在假期，男孩如果生活作息不规律，就容易养成坏习惯，导致生活节奏被打乱，以致假期结束后，孩子一事无成。所以家长和孩子都要保持正常的生活作息，如果作息时间被打乱了，一定要及时调整过来。

4 执行假期计划

家长要让男孩将制订的假期计划贴在醒目的位置，以提醒男孩实施计划。在规律作息的情况下，合理安排学习时间，这样在休息的时候也不会落下学习。

小结

男孩在假期好好休息，不忘记学习，做到今日事今日毕，才能过一个愉快有收获的假期生活。

Part 4

掌握学习方法，开启男孩主动学习之路

不同的科目用不同的学习方法

很多男孩都遇到过这种情况：想要好好学习，却没有掌握科学的学习方法。遇到这种情况时，家长要怎样帮助孩子呢？我们来看看小超的妈妈是如何做的：

小超看到别的同学学习都很努力，也想把自己的学习搞好，于是他问妈妈：“妈妈，怎么样才能把各门学科都学好？”小超的妈妈认真总结了一下，开心地和小超进行了分享：“语文、数学和英语的课程要求都不一样，要选用合适的方法学习。比如学语文时，可以在上课之前做一下预习，认一认生字、给段落分段，这样上课的时候，理解起来就会更快；学数学时，要把定律、公式掌握好，重点例题反复做；学英语时，可以从听、说、读、写这四个方面来把握，大声朗读、多记多背、多听多练、多实际运用都是学习英语的有效方法。”小超按照妈妈教的方法学习，果然学习成绩提高了很多。

男孩找不到学习方法的原因

◆ 平时不善于总结学习方法。有的男孩在学习的时候只关注了学习的内容，缺乏思考总结，所以才找不到学习方法。

◆ 习惯用单一的学习方法。男孩不会调整自己的学习方法，不管学习哪个科目都用一样的方法，所以学习起来就会显得吃力。

家长怎么做

只会用固定单一的方法不利于男孩更好地学习，家长要引导男孩采用多种学习方法，针对不同的科目用不同的方法，这样才能把知识学好，学灵活。家长可以从以下方面着手进行。

1 教男孩学会总结学习方法

当学习了一段时间后，家长可以跟男孩一起总结一下这段时间的学习情况。如果学习得比较顺利，就总结一下好的方法；如果学习得不太顺利，就总结一下经验教训。一边学习一边总结方法能帮助男孩找到适合自己的学习方法，以后学习会更有效率。

2 尝试用不同的学习方法

孩子升入高年级后，所学的知识难度就增加了。孩子需要在课前做预习、课后做复习，有的科目还需要强化训练，比如数学，就需要在课后多做练习题来巩固。用不同的学习方法学习不同的科目，对相对薄弱的科目做学习时间和任务的调整等，都是必要的学习方法。

小结

要让孩子找到适合自己的学习方法，并让其学会灵活应用，融会贯通，生搬硬套地学习是学不好的。

培养男孩自主学习、勤思考的习惯

在生活中，我们发现有的男孩爱思考，有的男孩却不爱思考，这除了受性格影响外，主要还在于男孩的学习习惯。所以家长要培养男孩多思考、勤总结的习惯，也要培养男孩自主学习的习惯。我们来看下面的例子：

欢欢想让妈妈陪他一起做作业，于是说："妈妈，您能陪我一起做作业吗？"妈妈看了欢欢的作业题目，都是简单的基础题，于是对欢欢说："你得学会自主学习，不能总依靠别人。"

半小时后，欢欢终于把作业做完了，妈妈问：

“今天做作业顺利吗？”欢欢回答说：“题目比较简单，有一道题我仔细想了一下，也能做出来！”妈妈夸他：“今天表现很好，以后也要自主学习哟！”

欢欢点头答应。

男孩不爱自主学习、不爱思考的原因

◆ 依赖父母。男孩在做作业时总想着有家长帮他读题、分析解题步骤，自己不用思考就能把作业完成，因此对家长产生了依赖心理。

◆ 依赖答案。对于不确定的题目，男孩有时会去看答案，慢慢地形成了一看到难题就看答案、抄答案的坏习惯，失去了锻炼思考能力的机会。

家长怎么做

如果男孩自主学习能力差，不爱思考，家长可以像下面这样做。

1 培养男孩自主学习的能力

家长要有意识地培养男孩自主学习的能力，从让男孩自主写作业开始，让男孩自己读题、分析、答题、检查，养成自主学习的好习惯。

2 让男孩学会总结学习经验

当男孩在学习中遇到困难时，家长要教男孩想办法解决问题。当解决完问题后，一定要提醒男孩总结经验，这样再遇到同类问题时，男孩才能够自己想办法应对；或者在解题遇到困难时，让男孩学会用不同的方法解答，并做好总结记录，以便遇到同类题目时能够举一反三、触类旁通，这样能为男孩的自主学习打好基础。

小结

学习时不善思考容易导致在出现问题时不能及时解决问题，不利于男孩学习的顺利进行，所以家长要引导男孩在学习的时候多思考、勤总结。

好的记忆方法，让男孩学习更高效

一位家长诉苦道：“我儿子的记忆力太差了，三天前背会的古诗，现在已经忘得差不多了。真是头疼！”相信很多家长也有同样的苦恼。那么，为什么男孩记不住呢？如何才能提高孩子的记忆力呢？

男孩记不住的原因

◆ 没有理解记忆。很多家长只关注到让男孩背诵、记住知识，却没有教给男孩好的记忆方法。记忆的前提是理解，只有将知识理解到位，才容易将其记住，如果没有理解，只靠死记硬背，很快就会忘记的。

◆ 注意力不在要记忆的内容上。即便所学内容很好理解，但是男孩的注意力如果在别的事情上，根本不在学习上，尽管从表面看他们是在背诵，但记忆的内容他们根本没经过大脑思考，那记忆的过程就会变得艰难。

◆ 记住了很快又忘了。人的记忆是有规律的，如果记住了不去复习巩固，很快就会遗忘，难以形成长时记忆。

家长怎么做

男孩记忆力不好只是他们“不会记”“不想记”的借口，家长可以教给男孩一些好的记忆方法。孩子在记忆时，家长可以像下面这样引导。

1 不要死记硬背

死记硬背的结果就是记得快忘得也快，所以，家长一定要让男孩理解了再记，最好可以一边记忆一边加入想象，这样记忆的效果更好。

2 运用巧妙的记忆方法

我们先来看如下例子：

小昊妈妈很重视小昊的学习，但因为小昊总是记不住古诗词，妈妈感到很头疼，不知道该怎么教孩子记忆。这天，妈妈带小昊读古诗《古朗月行》，朗读了很多遍之后，小昊虽然有几处卡壳，但也能背诵下来。第二天，妈妈想看看小昊昨天的古诗背得如何，可是小昊背完了前两句，就磕磕巴巴再也想不起接下来的内容了。

为此，妈妈学习了记忆课，并教给了小昊新的记忆方法：在小昊熟读的基础上，妈妈把每一句诗都画成了一幅画——“小时不识月”，画了一个小男孩望着月亮疑惑；“呼作白玉盘”，画了一个圆圆的、白白的大盘子；“又疑瑶台镜”，画了一面圆形的镜子；“飞在青云端”，画了一个小男孩看见月亮、盘子和圆形的镜子在天空中飞。妈妈用这个方法帮助小昊记忆，小昊不仅很快记住了古诗，妈妈再考他时也背得滚瓜烂熟。

上例中妈妈教小昊用绘图法来帮助记忆，此外还可以运用记忆宫殿等方法帮助记忆，或者让男孩和家长、同学一起讨论来加深记忆，也可以制作记忆小卡片以便于复习的时候使用，这些方法都能很好地帮助记忆。

3 选择在注意力集中的时候记忆

让孩子利用早晨的时间或者注意力集中的时间去记忆，因为早晨的时间段大脑清爽，记忆速度快，人在注意力集中的时候记忆效果会很好。

4 按照计划进行复习

让男孩及时复习已经学过的知识很重要，需要家长着重培养。比如让男孩将学过的内容在第三天、第五天、一周后、一个月后复习，这样能避免背会了又忘了的情况。

小结

好的记忆方法让学习事半功倍。教男孩学习科学的记忆方法，男孩才能学得快、记得牢。

消灭学习障碍，提高男孩学习的积极性

很多男孩在学习中一遇到难题就逃避，家长看到男孩遇到阻碍就失去了学习的积极性，感到手足无措，想要帮男孩可是不知道该怎么做。我们来看下面的例子：

小宇正在做作业，他一看到不会做的题目就直接略过了，结果习题册上只做了几道基础题，后面的拓展题目全是空白。小宇说："这些题目我都不会做。"妈妈说："有不会做的题目说明你在学习中还有没弄清楚的地方。遇到问题一定要想着怎么解决问题，逃避是没有用的，下次还会遇到同样的问题。而且如果

问题得不到及时解决，就会越积攒越多。”小宇觉得妈妈说得很有道理。

男孩一遇到学习难题就逃避的原因

◆ 不重视解决学习难题。很多男孩不知道，学习中遇到难题其实反映出他们的学习中还存在没有弄清楚的知识，如果不及时解决这些难题，会影响接下来的学习。

◆ 忽视遇到学习障碍不解决的危害性。男孩遇到学习障碍如果不及时解决，接下来的学习就会变得更难，慢慢地，阻碍会越来越多，会逐渐消耗男孩学习的积极性。

家长怎么做

我们分析了男孩面对学习难题选择逃避的原因，针对这些原因，家长可以按以下方法做。

1 让男孩及时处理难题

家长要告诉男孩，在学习中遇到了难解答的题目要积极想办法及时解决，可以复习书本知识，也可以请教老师、同学或家长。总之，要把没有弄清楚的知识搞明白，这样才能顺利地进行接下来的学习。

2 让男孩把重点、难点多学几遍

对于简单的基础知识，男孩能比较轻松地学好。对于复杂的重点和难点，就需要多花时间去理解，并且要多看、反复练习。男孩把重点、难点弄熟了之后就不会轻易被困难吓倒，学习的积极性也能得到保护。

小结

在学习中遇到难题及时查漏补缺，可以有效帮助男孩解决学习过程中的烦恼，也能培养男孩积极的学习心态。

在精力旺盛时学习，让学习成为良性循环

有的男孩总是不停地学习，时间一长，便产生了疲惫感，学习的积极性就减弱了，这不利于男孩的学习形成良性循环。

杜杜是个爱学习的男孩，不用爸爸妈妈督促就能好好学习。但杜杜常常把玩耍、休息的时间也用来学习，时间久了，杜杜就产生了疲惫感，原本对学习的热情和积极性也减弱了，学习效果明显下降。

妈妈对杜杜说："爱学习也不能一直不停歇地学习，大脑也是需要休息的，在学习的时间学习，其他

时间就用来休息，大脑休息好了才能学得好。”

所以家长要懂得让男孩在精力旺盛的时候学习，玩耍的时间就尽情去玩。

家长怎么做

为了防止男孩学习时陷入疲劳的不良状态，家长可以从以下方面进行引导。

1 选择在精力充沛的时间学习

学习新知识的时候要调节好状态，集中精力去学习，家长可以提醒男孩在早晨、午睡后或玩耍之前学习，因为在大脑清爽、思维活跃时学习，效率更高。

2 感到疲惫的时候停下来休息

学习久了就容易产生疲惫感，这时候尽量不要勉强男孩再学习，停下来休息好了再学也不迟，不要让疲惫感使男孩失去学习的积极性。

3 学习之后好好休息

孩子完成作业或预习、复习完之后，就让他高高兴兴地去玩、休息或做别的事情。让孩子高速运转的大脑得到休息，他再学习的时候就能更有动力。

小结

不要让男孩持续不断地学习，不停歇地学习容易让孩子产生疲惫感。让男孩选择精力旺盛的时间学习，不但能学得好、学得快，还能有充足的时间休息和做感兴趣的事，进而形成学习的良性循环。

Part 5

正确引导，让男孩写作业不犯愁

让男孩明白写作业是为了巩固学习成果

有太多的家长说自家的男孩不爱写作业，一到写作业的时间就拖拉，最后把作业写得马马虎虎。家长该如何引导男孩写作业呢？我们先来看下面的例子：

浩浩是一个三年级的小学生，每天放学，不提写作业还好，一提写作业，浩浩就开始各种撒泼打滚，妈妈先是靠“哄”，再用强行的“管”，各种招数都用上了，虽然起到了一点儿作用，但还是没能彻底改变浩浩对待写作业的态度。妈妈这次打算好好地、郑重其事地和浩浩谈一谈。

妈妈说："其实，爸爸妈妈也不是喜欢管着你写作业，我们只是想让你养成好的学习习惯。"浩浩这次不吵不闹地听着妈妈说。"你得知道，做作业不是为爸爸妈妈做的，而是为了你自己啊，你在学校学到了知识，回家写作业只是巩固这一天的学习成果，不是你想的那么难、那么费劲。"浩浩听懂了，决定以后要认真写作业。

男孩不爱写作业的原因

◆ 把写作业想象得很艰难。很多男孩一看到作业就头大，其实是以往不好的写作业经历让他们把写作业想象得又难又痛苦。

◆ 认为写作业占用了玩耍的时间。男孩都热衷于玩，他们觉得写作业占用了他们玩耍的时间，所以总是拒绝写作业。

◆ 基础不扎实，写作业有困难。如果孩子没有掌握好课上所学的知识，写作业的时候必然会遇到很多阻碍其过程就会变得艰难，所以男孩总是逃避写作业。

家长怎么做

男孩不爱写作业，其实很重要的原因是他们不知道写作业到底是为了什么，所以家长一定要让男孩明白写作业的目的。具体可以像下面这样做。

1 引导男孩客观地看待写作业

家长可以好好地和男孩谈谈写作业的问题，告诉男孩写作业是学习过程中的必要环节，让男孩正确地看待写作业。还要打消孩子对写作业的抵触心理，不要一看到作业就把它想象得非常艰难，让男孩对写作业不畏惧，且有信心能很好地完成。

2 帮男孩分析做作业的好处

家长要告诉男孩，做作业是巩固所学知识的过程，只有把基础知识学好，在做题的时候才能轻松应对；在遇到难题的时候，才能灵活运用知识，积累解题经验。

3 合理安排写作业的时间

家长要和男孩商量好，每天留出固定的时间用来写作业。只有高效地完成作业，才能开心地去玩；如果作业做得不好，就要占用玩耍的时间。这样男孩就会充分利用时间，好好写作业。

小结

不要让男孩把做作业想象得很艰难，要让作业起到应有的作用。

写作业有条理，轻松效率高

许多男孩生活上很没有条理，写作业的时候也是同样的状况。我们先来看下面的例子：

琛琛做作业的时候，书桌上的东西总是乱七八糟的，书本、文具横七竖八地堆在一起，非常影响做作业的效率。

不仅如此，他做作业也很没条理。他想先写语文作业，可写到一半儿就不想写了，便去开始做数学习题，只见他算了一半儿计算题，又去做应用题，解答不出来又去做别的事了，等再回来写作业时已经过去了一个小时。

男孩写作业没条理的原因

◆ 对作业难易程度不了解。因为男孩不会判断当天作业的难易状况，所以不懂可以由易到难来安排做作业的先后顺序。

◆ 缺乏时间管理意识。男孩没有意识到时间的重要性，觉得时间无穷多，做作业做到什么时候都可以，不会产生优化时间的想法。

家长怎么做

家长怎样引导才能让男孩有条理地做作业呢？我们总结了如下方法。

1 写作业之前先复习

家长要培养男孩做作业之前先复习的习惯，把当天所学的内容巩固回忆一遍，这样孩子做作业时会感觉很轻松。

2 由易到难做作业

家长要告诉男孩可以按照由易到难的顺序来做作业。因为先把较为容易的作业做完，其余的时间就能全部用在较难的作业上，而且已经做完了一部分作业后，孩子再做较难的作业时，心理上的压力也能减轻很多。

3 用番茄时间管理法写作业

家长可以给男孩准备一个番茄钟，采用写作业计时的方法，比如写 25 分钟作业，休息 5 分钟，这种方法可以提高做作业的效率。

小结

男孩要学会有条理地学习，有条理地做事，这样学习和生活才能井井有条。

强化时间紧迫感，男孩写作业更高效

一位家长分享了自己引导孩子高效写作业的秘诀：强化孩子的时间紧迫感，不要让孩子觉得时间有很多，慢慢写也没关系，而是把写作业的时间限定在合理的范围内。一起来看下面的例子：

晚上 7 点，晓晓开始写作业，他不紧不慢地做着作业，丝毫没有紧迫感。到了 8 点，晓晓的作业才做了一半，妈妈看他一点儿都不着急的样子。将近 9 点时，晓晓的作业总算做完了，妈妈都替他着急。面对没有时间紧迫感的晓晓，妈妈真想催他快点儿做作业，可是催促也解决不了问题。

第二天，晓晓的妈妈想到了一个办法，她对晓晓说："现在开始计时，如果你的作业能在一个小时内做完，其余时间就能自由安排。"

男孩写作业没有时间紧迫感的原因

◆ 没有其他爱好。有的男孩兴趣爱好不多，除了学习之外也不知道放学后要做什么，所以就把时间都用在了写作业上。

◆ 认为写作业就要多花时间。男孩认为写作业就应该多花一点儿时间，这样才能说明自己在好好学习。

◆ 没有认识到浪费时间的危害。男孩没有想过，如果写作业慢吞吞，晚上睡觉的时间就会延后，第二天有可能因为赖床而迟到，或者因为没有休息好导致第二天上课精力不集中，学习受影响。

家长怎么做

家长要想让男孩写作业时有时间紧迫感，可以从以下几个方面着手。

1 增强男孩的时间观念

家长在生活和学习中要给男孩强调时间的重要性，告诉男孩每个人一天的时间都是 24 小时，在一天的时间里高效利用时间，就能学到更多的知识，低效利用时间，学到的知识就很少，就会落后。

2 让男孩认识到浪费时间的危害

让男孩想一想，如果不按时完成作业，不仅没有自由活动的时间，还会影响睡眠时间，睡眠时间短会影响睡眠质量，进而影响到第二天的上课效率，这样就会形成不良循环。所以不如抓紧时间做作业，让做作业和学习有序地进行。

3 给男孩限定写作业的时间，让其高效写作业

让男孩知道，不是写作业花的时间越多，学习就能越

好，而是在合理的时间内，充分利用时间，高效完成作业才是正确的学习方法。

家长可以和男孩约定，作业要在一个小时之内完成，做完之后可以休息、玩耍，也可以做自己喜欢做的事情。超过一个小时就取消休息、玩耍的时间。到了晚上睡觉的时间就要去休息，要自己承担没有做完作业的后果。打消男孩拖延的心理，男孩做作业就会产生紧迫感。

4 培养男孩丰富的兴趣爱好

培养男孩丰富的兴趣爱好，这样男孩就不会浪费时间，懂得高效利用时间做作业，以便能把多余的时间用在自己感兴趣的事情上。

小结

男孩学习、做作业时有紧迫感，行动的时候就会更高效。

引导男孩持续高质量地完成作业

有家长说，孩子只要被老师表扬了，写作业就特别有劲头，可是如果没受到表扬，就不爱写作业了。对于有这种情况的孩子，家长该怎么引导呢？我们来看下面的例子：

淙淙前段时间写作业的时候很用心，妈妈看他专注的样子，心里很高兴。淙淙的生字作业本用完了，妈妈翻看他的作业本，只见上面的每个字一笔一画写得很认真，并且每篇作业后面都有老师标注的“优”或“良”。

可是，最近淙淙写作业的积极性不高了，妈妈问他怎么了，淙淙说：“老师没表扬我……”妈妈听了，耐心地说：“老师为同学们批改作业很辛苦，你要继续好好写字，这样老师才能看到你的进步啊。”淙淙觉得妈妈说得很对，于是每天都认真地写作业。一次，老师特意夸赞淙淙：“淙淙现在写的字越来越好看了！”淙淙受到表扬很开心，认真写作业的积极性更高了。

男孩为什么在老师的表扬下更爱写作业

◆ 荣誉感得到满足。男孩喜欢被老师夸赞、被同学羡慕的感觉，赞扬让男孩的荣誉感倍增。

◆ 自信心驱动。老师的表扬和奖励让男孩的自信心得到了满足，他们在自信心的驱动下，能够继续让自己保持优秀。

◆ 受到老师关注很开心。老师在作业本上标注“优”或“良”，这样的鼓励对男孩来说很有意义，他们会觉得这代表了老师对自己的喜爱和关注，会为此感到很开心。

家长怎么做

男孩受到老师的表扬，自信心受到鼓舞，就更愿意好好写作业，家长可以利用这点来引导孩子，让孩子持续认真地写作业。

1 让男孩懂得老师批阅作业很辛苦

家长要告诉男孩老师批改全班同学的作业很辛苦，所以要认真对待作业，让老师看到满意的作业。

2 借老师的话夸奖男孩的优点

比如老师夸男孩字写得认真、工整，家长可以借此表扬男孩，这样男孩在做作业的时候就会更认真地写字，作业质量会更好；又比如老师夸男孩聪明，家长也可以借此表扬男孩，这样男孩做题的时候也会更仔细。

3 鼓励男孩持续好表现

如果男孩受到老师积极的鼓励后，学习更上进，家长一定要让男孩珍惜自己的荣誉，保持高质量地完成作业的习惯，以得到老师的青睐。

小结

家长要常常给男孩积极的肯定和客观的评价，让男孩对自己的学习情况、作业情况有正确的认识，从而能更好地督促自己不断进步。

Part 6

开卷有益，用阅读提升男孩的学习兴趣

家长尝试带男孩读懂一本书

很多男孩不喜欢读书，他们总是爱动、爱玩、爱闹，家长常常希望男孩能够安安静静地坐在书桌前或读书角认认真真看完一篇文章或一本书，可常常事与愿违。

男孩不爱读书的原因

◆ 静不下心来。男孩好动，他们喜欢能随时活动身体、跑跳的项目，对需要安安静静研究的东西不感兴趣，没有耐心。

◆ 书上的内容没意思。家长选的书不是男孩想看的，不能吸引男孩的注意力。

◆ 有比读书更吸引男孩注意力的事情。男孩的注意力在自己感兴趣的游戏、运动或其他社交活动上，他认为做这些事情比花时间读书更重要。

家长怎么做

男孩不喜欢读书，是因为他们还没有体会到读书给人带来的快乐。所以家长要引导男孩把注意力放到读书上。可以从以下几方面着手。

1 静下心来阅读

家长可以让男孩在一个安静的环境里，静下心来，专注地读书。

2 选择适合孩子阅读的书

家长可以选购适合孩子阅读的书，比如名著、诗词或者画册，也可以是科学知识类的图书。还可以让男孩自己挑选感兴趣的书来读。

3 尝试带男孩读懂一本书

很多男孩不爱读书的真正原因是他们读不懂书中的内容，家长可以尝试选择一本难易程度适中的书，带男孩一起阅读。男孩真正读懂了一本书后就会喜欢上阅读，慢慢地就会读更多的书。

4 在读书的时候，要启发男孩思考

读书不只是用眼睛浏览一遍就算读过书了，在阅读的过程中要学会思考和总结。家长开始带男孩阅读的时候，可以尝试问男孩书中提到的问题、涉及的知识等，让男孩由一个话题关联到很多知识，把知识学活。在读书的过程中，还可以让男孩做笔记，摘录好的、优美的语句或深有感触的内容等。

小结

家长尝试带男孩读懂一本书，男孩体会到读书的乐趣，才会对读书感兴趣，从而慢慢养成读书的习惯。

交流阅读感受，让记忆更深刻

有些男孩读完一篇文章或一本书后获得了知识或启发，感觉很开心，然后就高高兴兴去玩了，可没过多久，男孩对读这本书的感受已经不深了，学到的知识也慢慢忘记了。这是正常的情况，如同男孩学了一个知识后没复习就会忘掉一样。所以，当男孩读完一篇文章或一本书后，让男孩试着说说自己的阅读感受，能加深他们对所读内容的理解，这是一个非常好的习惯。我们来看下面的例子：

小雄喜欢读书，妈妈给他列了一个读书清单，他按照计划每读完一本书就在书名后面打钩，记录已读。读完书后，小雄感觉很开心，因为又收获了新知识。可是过了很长一段时间后，小雄再看到这些书单时，发现有的书中的内容还清楚记得，而有的书中的内容已经记不清了，小雄感到很失落，自己明明花时间读过的书，现在怎么都忘得差不多了。他跟妈妈诉说了自己的烦恼。

妈妈想到一个很好的方法，她对小雄说：“我们可以试着这样做，每读完一本书或者在读书的过程中有很好的想法，就和他人交流一下自己的读书体验，这样读书的感受就会加深一点儿。”小雄试着按这个方法去做，果然很有效果。

男孩读得快忘得也快的原因

◆ 读书走马观花。男孩读书的时候为了追求快，看书一目十行，以为理解了大致的意思就可以了。追求快速阅读的结果就是看似读过很多书，但真正记住的、懂得深意的却少之又少。所以就会产生读完跟没读一样的感受。

◆ 思绪不在读书上。男孩读书的时候，从表面上看是在看书，但思绪实际上已经飘到了九霄云外，读一会儿想到一个片段，又读了一会儿又想到一个片段，阅读的思绪就被打乱了，以致花了时间却没记住书中的内容。

◆ 读完书后没有总结。很多男孩读书的时候，会自然而然地跟着作者的思路走，不会提出问题，不善于从其他角度思考，读完之后只把一个单一的思路留在记忆里，时间一长就容易忘掉。

◆ 缺少回顾的过程。大多数男孩读完一本书后很少再次翻开这本书，因为他们以为读完就掌握了这本书，于是慢慢地就忘记了书中的内容。实际上再次翻开的话会有新的感悟，也能在记忆中加深一遍理解。

家长怎么做

以上分析了男孩读书忘得快的原因，家长可以根据这些原因找到引导男孩阅读的更好的方法。

1 认真仔细阅读

让男孩在阅读的时候集中注意力，专注地读每一句话、每一个段落，理解文意。不追求快速阅读，以使男孩理解和受到启发，并得出感悟。

2 读书的时候多思考

让男孩读书的时候要多思考，比如读到一个片段时，男孩可以拿出笔记本记录一下自己的想法、思路、感受等，以防止走神，也能方便分享阅读心得时使用。

3 读完一本书后与他人分享心得体验

告诉男孩读完一本书后，或者读了一部分后，可以和家长、同学谈一谈自己的想法、感受或总结，请他人做评价，或者听一听他人的理解，融合更多的想法，从而使自己的学习更全面。

4 读完书后隔一段时间回顾

男孩每读完一本书后，不是就可以把它收起来再也不读了，而应时不时地再翻看这本书，看一看在书的空白处所做的笔记，以及在笔记本上所写的想法，重温读书时的体验，从而获得新的感悟或加深印象。

小结

让男孩读书的时候尝试多思考、多总结、多分享，这样读书所获得的体验才能更全面。

温馨的亲子阅读时光让男孩更喜欢学习

如果家长和男孩经常一起读书，那么孩子学习遇到困惑的时候，阅读过的书籍和家长陪伴读书学习的时光，能让男孩有动力继续好好学习。一起来看下面的例子：

加加喜欢和爸爸妈妈一起读书。晚上，加加正在读一本科普书，他一边读一边向爸爸请教，爸爸总是很耐心地回答加加提出的每一个问题。在浓浓的学习氛围之下，加加获得了很多知识。

每当加加在学习中遇到困难，或是考试成绩不理想的时候，就会想到和爸爸妈妈一起读书的快乐时光，一想到这个画面，加加就又恢复了学习的信心和动力，他觉得在学习上遇到的小小困难根本不算什么。

男孩不爱自己读书的原因

◆ 不能随时分享阅读感受。有的男孩不喜欢自己一个人读书，喜欢和爸爸妈妈一起读书，这样就能随时分享自己的读书感受。

◆ 不能随时向家长提问题。家长没时间陪男孩一起读书，男孩读书时产生疑问不能随时请教，所以阅读的兴趣就减弱了。

家长怎么做

家长要抽出时间和男孩一起阅读，在读书时，家长可以像下面这样做。

1 认真回答男孩提出的问题

男孩在阅读的过程中，会产生很多疑问，这时需要家长帮忙解答。家长要耐心回答孩子提出的问题，有不懂的知识就查资料，和孩子一起探究、一起学习。

2 和男孩交流阅读心得

家长要抽出时间陪男孩一起读书学习，读完书后一起交流畅谈，分享在书中学到了哪些知识，共同进步。

小结

男孩在学习中遇到困难时，温馨的亲子共读时光能激发他们克服困难的勇气。

广泛阅读，丰富男孩的认知

一位家长说他儿子喜欢看书，但是他发现孩子喜欢阅读人文社科类的书籍，对自然科学一点儿兴趣也没有。他希望孩子能广泛阅读，这样对各科的学习会有帮助，可是该如何引导呢？我们来看亮亮爸爸是怎么做的：

亮亮从小就喜欢读故事书，常常拿着故事书让妈妈给他读，或者自己读。爸爸觉得孩子爱读书是好事，但是通过观察，爸爸发现亮亮喜欢读的书都属于同一类型，一些历史、地理、科学的知识一点儿没有涉及，爸爸想：这样下去，不仅孩子阅读的知识面会受到限制，而且可能会让孩子在学习数学一类学科时出现不理解的情况。于是，爸爸拿着一本物理故事书，声情并茂地讲给亮亮听，亮亮听着觉得还挺有趣，便拿起书开始仔细读起来。慢慢地，爸爸不断地给亮亮推荐一些其他类型的书籍，如历史文化、宇宙科学、人文地理等方面的，亮亮也都很喜欢。

男孩广泛阅读的好处

◆ 有助于培养男孩的发散性思维。发散性思维是指大脑在思考时呈现的一种扩散状态的思维模式，在这种思维模式下，大脑会沿着不同途径思考，探索出多种答案。而单一领域的阅读容易让男孩形成固定思维模式。

◆ 有助于男孩未来学习不偏科。广泛阅读有助于男孩了解各个领域的知识，将来学习不同类型的科目时能有一些认知基础，从而减少偏科、对某个学科没有任何兴趣的现象。

◆ 让男孩有更宽的眼界。阅读能开阔男孩的视野，丰富男孩的认知世界，让男孩拥有广博的知识、丰厚的底蕴，接受新知识、新学问时更容易。

◆ 培养男孩的创造力。男孩的创造力来源于发散性思维。广泛阅读有助于培养男孩的发散性思维，让男孩的头脑中产生新思想、新见解，进而激发男孩的创造力。

家长怎么做

要想让男孩广泛阅读，不局限于单一的领域，家长可以通过以下方法来进行。

1 挑选不同类型的书籍

家长在给男孩挑选书籍时，选择的范围可以略广些，比如文学类、科学类、生物类、自然类、哲学类等方面的知识都可以涉及一些。家长可以多听一听老师、其他家长推荐的书目，然后根据男孩的特点做筛选。

2 声情并茂地推荐书籍

家长给男孩推荐不同类型的书籍时，可以把自己阅读这本书时的感受，用积极的、富有感情的语调介绍给男孩，以吸引男孩的注意力，激发男孩的好奇心，这样男孩才会有兴趣阅读。

3 从小培养男孩广泛阅读的习惯

广泛培养男孩的阅读习惯可以“先博后专”，就是先大量广泛地阅读，再逐渐发展到对一项或几项的专门研究，这能为男孩将来成为专业能力很强的人奠定基础。从小培养男孩广泛阅读的习惯，男孩以后在接触不同领域的知识时就能很好地接受，有助于男孩广泛学习。

小结

广泛阅读，可以让男孩学到更多知识，让男孩的文化底蕴更深厚。

去图书馆借阅，感受人们对知识的渴望

一天，小华的妈妈要去图书馆找资料，小华闲来无事就打算跟妈妈一起去。当他们到图书馆时，小华看到图书馆的每个座位上都有人捧着一本书在安安静静地阅读，只能听到“沙沙”的翻书声，书架前来来往往的读者络绎不绝。妈妈去书架上找资料了，小华也找了一本有趣的书来读，他安安静静地坐下来，看到周围的人看书如饥似渴，看到有趣的地方还时不时地微笑。小华深有感触：原来读书真的能让人感到快乐啊，以后我也要坚持读书。

读书氛围能激发男孩持续阅读的原因

◆ 男孩在浓厚的阅读氛围中，能够感受到大家对知识浓烈的渴求，这能够激发男孩不断汲取知识的欲望。

◆ 在与大家共同读书的过程中，男孩的内心产生了积极的能量，这种能量能够推动男孩不断进取、不断成长。

家长怎么做

男孩平时很少读书，是因为他们平时接触到爱书、对书如饥似渴的人少，所以家长可以定期带男孩去图书馆感受阅读气氛，让男孩找自己喜欢、感兴趣的书来读。如果男孩愿意，可以让他定期到图书馆借书、还书。在定期借书、还书的过程中，男孩阅读的积极性也会得到提高。另外，图书馆中书的种类比较丰富，男孩去图书馆借阅可以读到更多的书，从而可以扩展男孩的认知领域。

小结

良好的环境能影响一个人的行为，与爱书者为伴，孩子也会从心底爱上学习。

Part 7

耐心管教，好情绪助力男孩学习进步

不催不吼，让男孩自觉做功课

一位家长说，孩子不爱学习，一学习就各种拖拖拉拉、闹情绪，非要等到爸爸妈妈发怒、大声斥责才肯学习。家长说自己也不想靠吼靠催来管孩子，可是不管不催，孩子就是不学，这可怎么办呢？来看下面的例子：

傍晚六点钟，又到了东东写作业的时间。妈妈说："今天快点儿完成作业，写完作业就能看电视了。"东东一边答应着一边开始磨磨蹭蹭地写作业。半个小时过去了，妈妈来看东东做作业的情况，发现东东一个字也没写，还在兴致勃勃地玩儿。妈妈很生气，说：“怎么还没开始写作业呢？”东东立马不玩了，动笔准备写作业。又半个小时过去了，妈妈看到东东的作业本上并没有多写字，而且东东还在偷看漫画书。妈妈发怒：“你这个孩子，怎么一点儿都不自觉，要我催你几次才行？”东东看到了妈妈发怒的表情，可还是不想写作业。

家长靠催靠吼管男孩不起作用的原因

◆ 家长的管教失去了作用。如果家长经常情绪失控，催吼孩子成了习惯，孩子看到家长发怒或发脾气时就会不以为意。

◆ 家长有纵容男孩延迟做功课的情况。如果家长在管教男孩时，出现过纵容男孩延迟做功课的情况，男孩就会认为学习没那么重要，所以只要家长不管，男孩就不想学习。

家长怎么做

对于对家长的催促已经麻木的男孩，家长该如何引导，才能让他们自觉做功课呢？可以从以下几点进行。

1 家长不吼不叫耐心说

家长管教男孩的时候，要耐心地说，不要一看到男孩不听话就发脾气。如果男孩看到爸爸妈妈很冷静，用客观的事实讲道理、讲方法，那他也不会随便乱发脾气、闹情绪，而是会认认真真地对待学习。

2 把学习的主动权交给男孩

家长要善于引导男孩，要耐心地告诉男孩，学习是自己的事情，是为自己而学，爸爸妈妈也有自己的事情要做，让男孩自己关注自己的学习，自发主动地去学习、做作业。同时也要告诉男孩，家长和老师也是他的伙伴，会陪他一起成长，遇到难题时，他们也会帮助他的。

3 不纵容男孩的消极行为

男孩学习时敷衍了事，家长一定要让男孩端正学习态度，否则男孩在学习的时候就会不认真，不管家长怎么催，怎么发脾气吼叫都不管用。只有让男孩正确看待学习，遇到问题及时解决，产生消极情绪及时调整，不纵容男孩对学习漫无目标、随便应付的行为，男孩才会听家长的话，认真对待学习，执行学习计划。

小结

对男孩大吼大叫是消极的方法，不利于男孩客观看待自己，正确对待学习。所以家长要多一点儿耐心，用平和的语气讲道理，引导男孩学会自觉学习。

考试失利，不打不骂，让男孩总结经验

男孩的考试成绩不佳，有些家长信奉“棍棒之下才能教出好男孩”的说法，于是想通过打骂的方式让男孩吸取教训，以后努力学习，争取下次取得好成绩，可这种方法往往没有什么效果。

男孩考试失利，家长打骂不起作用的原因

◆ 男孩把家长的话当耳旁风。男孩经常听到家长的训斥，时间久了就不愿再听了，所以家长再怎么训斥也无济于事。

◆ 家长缺乏正确的教导。家长只是指责，并没有帮助孩子找出考试失利的原因，所以孩子根本不知道该怎么学，因此对父母的训斥没有反应。

◆ 男孩的自尊心受到打击。家长经常打骂男孩，男孩的自尊心就会受到打击，之后不管家长再怎么说他不好，他都不会理会，自然也感受不到家长的良苦用心。

家长怎么做

当孩子考试失利时，家长采用打骂的方式是不可取的，应用冷静的情绪、客观的态度对待男孩，具体怎么做呢？

1 少责骂、少抱怨

当男孩考试成绩不理想时，会希望得到家长的帮助和引导，而不是责骂、抱怨。如果这时家长能用平和的态度，跟男孩分析原因，帮其找出改正和进步的方法，则要比抱怨、指责更有用。

2 多一些鼓励和引导

男孩考试失利，心情也会受到打击，认为自己不是学习的材料，这时候家长要多多鼓励他，告诉他没考好并不是因为他笨，而可能是因为学习方法不对，并教男孩总结方法，向老师、同学请教不会做的题目，克服学习中的困难，这样男孩才能有信心打败一时的挫折。

我们来看下面这个例子：

阳阳已经上四年级了，他的成绩一直都不好。爸爸一看到他考了几十分的成绩，恨铁不成钢的怒火立马就被点燃了："考这么点儿分数，你平时上学是怎么学习的？""每次都是班里的垫底，你都不觉得丢脸吗？"阳阳左耳朵进右耳朵出，根本没把爸爸的抱怨和指责放在心上。

经过几次训斥，爸爸发现这一招对孩子不起作用，于是冷静下来仔细想了想，觉得有时候阳阳还是好好学习了，可能是哪里出现了问题，于是认真和阳阳分析考试失利的原因，并把这些原因都总结了下来，让阳阳吸取教训，以使下次考试不犯同样的错误。面对爸爸的冷静态度，阳阳也变得平和了很多，不仅把爸爸的话都听进去了，学习的时候也更努力了。

上例中阳阳爸爸改变打骂的方式，通过鼓励和引导，让孩子总结经验教训，最后起到了很好的作用。这才是正确引导孩子学习的方法。

小结

考试一时失利不可怕，重要的是让男孩有积极解决困难的态度，懂得吸取失败的教训。家长千万不要采取打骂的方式，否则只会打击男孩的自信心。

不唠叨，让男孩自己管理生活作息

有些男孩早上起床要家长催，不催不管就赖床不起；晚上睡觉也要家长催，不催不管就看电视、玩游戏或者偷偷看漫画书。爸爸妈妈每天早上都要不停地唠叨“快起床”“再不起就迟到了”“动作利索点儿，不要磨磨蹭蹭的”；每天晚上睡觉前都要唠叨“怎么还不赶快睡觉”“怎么还在玩儿”“再不去睡觉，明天肯定起不来”。家长也不愿意每天唠叨孩子，可是怎么才能让孩子自己管理好生活作息，不让家长操心呢？我们先来看下面的例子：

录录每天早上起床总是磨磨蹭蹭的，穿衣服磨磨蹭蹭，洗漱磨磨蹭蹭，妈妈忍不住唠叨“动作能不能快点儿，每天都是这个样子……”而录录只是懒懒散散地回应“好”。吃饭的时候，录录又是磨磨蹭蹭的，还得要爸爸妈妈催着、唠叨着。晚上写作业时，录录一边玩一边写作业，妈妈看他拖拖拉拉的不知道要写到什么时候，又忍不住唠叨。睡觉时间到了，录录还在兴致勃勃地玩耍，妈妈又得催他赶快去睡觉。

男孩不能管好自己生活作息的原因

◆ 男孩养成了依靠家长催着、唠叨着才起床、睡觉、写作业、做功课的习惯，家长催一催，男孩就行动一会儿，家长不催就自由散漫了。

◆ 男孩没有认识到生活作息不规律的危害。男孩没有想过，如果早上赖床，洗漱、吃饭慢吞吞，可能会导致上学迟到；晚上不按时睡觉，会导致第二天上课受影响。

家长怎么做

男孩不能管理好自己的生活作息，主要原因在于男孩的自律性不足，家长要多多培养男孩的自律能力，可以从以下方面着手。

1 少唠叨，多鼓励

家长不要总是唠叨个不停，这样很容易让孩子滋生反感情绪。可以多用鼓励的方法，比如可以说“你今天没有让爸爸妈妈催就早早起床了，表现很好哦”“我相信你晚上一定能按时上床睡觉”等，用鼓励的话语代替没完没了的唠叨，能对孩子起到积极的作用。

2 让男孩感受规律作息的好处

让男孩感受规律作息的好处。家长可以让男孩试着按照规律的作息开始一天的计划，比如试着早上早早起床、按时吃饭睡觉、在合理的时间内高效做作业，让男孩感受按计划完成每一件事、认真学习的快乐。一天结束时，男孩一想到今天做了很多事情，一定会更加充实和快乐。

3 告诉孩子作息不规律的坏处

家长可以跟孩子说一说作息不规律的坏处。比如：早上起床晚了，上学会迟到，以致影响学习；吃饭不规律会消化不良；晚上不按时睡觉会休息不好，导致第二天精力不足，影响上课效率。

4 制订生活作息计划

家长可以和男孩一起制订一个全家生活作息计划，家长按照自己的生活作息表执行，男孩也认真执行自己的生活作息表，家长和男孩可以互相监督。在制订生活作息计划时，一定要让男孩参与，这样他才有动力实施计划。

小结

男孩只有养成好的生活习惯，生活起居有规律，才能保证有充足的精力投入学习。

Part 8

做好榜样，让男孩成长更有力量

家长不断进取，为男孩树立榜样

一位妈妈说，她在管教男孩学习的同时仍然会把自己的工作和生活处理得井井有条。男孩看到认真努力工作的妈妈，很崇拜，进而也向妈妈学习。

小阳的爸爸妈妈平时工作很忙，但每天都会花时间关注小阳的学习。当小阳看到，很晚了爸爸妈妈还在认真工作的时候，就会想：我也要认真学习，不能让爸妈操心。于是，小阳认真上课，认真写作业。爸爸妈妈忙完自己的工作后，发现小阳的学习也没落下，表扬小阳真懂事，小阳说：“因为我也要向努力工作的爸爸妈妈学习呀！”

家长主要在以下方面会影响男孩。

1 生活习惯方面

家长的生活作息有规律，把生活管理得井井有条，男孩也会自觉管好自己的生活作息。

2 工作学习方面

家长严格要求自己，在工作上不断努力进取，男孩受到父母的带动，也会有一颗进取心。

当父母变得优秀时，男孩会向优秀的父母学习，不断要求自己进步。因此，家长要给男孩做好榜样，努力工作，对工作认真负责，这样男孩也会要求自己努力学习，不断在学习上取得进步。

小结

家长积极进取，男孩在这样的环境中成长，也会要求自己有好的表现。

家长懂尊重，男孩少叛逆

有的家长进入男孩的房间时，不敲门就直接推门进入；有的家长发现男孩有记日记的习惯，就偷偷地看男孩的日记，被男孩发现后还不承认。这些其实是不尊重男孩的表现。我们来看下面的例子：

小江不知道从什么时候开始，喜欢有独立的空间，不愿被爸爸妈妈打扰。小江在写作业的时候，为了安静，就把房间的门关上了，妈妈没有敲门就直接进来了。小江对妈妈说："妈妈，您以后进入房间时能敲一下门吗？"妈妈却说："我是你妈，我进你房间还需要敲门吗？”小江很无奈。

一次，小江在写日记的时候，被突然推门而进的爸爸看到了。后来，小江的爸爸妈妈在偷看小江的日记时，被小江发现了，小江很生气地说：“爸爸妈妈，偷看别人的日记是不尊重别人隐私的行为，这是不对的！”可是爸爸妈妈却说：“我们是怕你心理上出现问题，我们也是为了你好。”小江不知道该说什么好，他不再信任爸爸妈妈，并且变得有些叛逆。

家长要知道，男孩作为独立的个体也需要得到尊重，家长打着“为了孩子好”的旗号探知孩子的小秘密，会使孩子失去对家长的信任。

家长怎么做

家长在教育男孩的道路上，要懂得尊重男孩，具体可以从以下几个方面尝试改变。

1 尊重男孩的隐私

家长不要打着“为了孩子好”的旗号探知孩子的机密，要允许男孩有自己的小秘密，尊重孩子的个人空间。

2 不要用高高在上的姿态给男孩灌输道理

家长要以平和的心态来对待男孩，尝试把男孩当作好朋友，讲道理时如果能用“我有一个不错的想法，你愿意听吗？”的语气来说，男孩就不容易产生反感、叛逆的心理。

3 修炼从容心，尊重男孩的成长规律

培养男孩是一项艰巨的任务，家长在培养男孩的道路上总会遇到这样那样的困难，以急躁、约束式的方式管教男孩不但起不到好的作用，反而会产生坏作用，所以家长要修炼从容的心态，让男孩按照他们自己的生长规律成长。

小结

家长如果能像对待朋友一样尊重男孩，男孩的成长之路就会少很多叛逆。

家长善于自控，男孩懂自我约束

一位家长惊奇地发现：当他每天在男孩屁股后面催着赶着时，男孩便养成了催一步走一步、推一下动一下的习性；当他懂得控制自己急切的心理、焦躁的情绪时，男孩反倒能自己管理好自己，且不用家长催也能很好地完成功课。

小卓的妈妈以前总是管着小卓学习，每天要求小卓按照计划表上的任务做功课、预习和复习，妈妈的管束很严格，小卓只好亦步亦趋地执行学习任务。有一段时间，妈妈因为工作上有很重要的事情要忙，实在抽不出时间来管小卓的学习，小卓终于不用被妈妈每天催着管着了，心里感到轻松了很多。可是小卓想到即便没有妈妈的监督，自己也要把功课认真做好，这样妈妈才能放心。当妈妈忙完工作后，发现小卓非但没有落下功课，反而将自己管理得很好，妈妈这才意识到，原来孩子的自理能力很强，如果自己能少一点儿约束，或许孩子能做得更好。

男孩不喜欢被家长管束的原因

◆ 感觉没自由。很多男孩之所以不喜欢成天被爸爸妈妈管，是因为他们自由玩耍的时间被限制了。

◆ 感觉被约束。家长总是靠催、管、唠叨来管束男孩，男孩会觉得自己不能自在地做自己感兴趣的事，所以不喜欢被管束。

家长怎么做

家长如何自控，才能更好地引导男孩自主学习呢？可以参考以下方法。

1 不要一刻不休地管男孩

男孩不喜欢被家长时时刻刻看着管着，他们希望有学习的时间也有玩耍的时间，不愿意被家长支配着学习或做事。所以家长不要总是在男孩耳边唠叨“写作业的时间到了，赶快去写作业”“别玩了，该去看书了”，试着培养男孩自主学习和管理生活的能力，男孩有了自主能力，相信家长也会省心省力很多。

2 家长适当管教，男孩才能自主管理

培养男孩自主管理的能力，不是什么也不管，任由男孩自由发展，而是家长要懂得适当管教。比如家长在和男孩约定好学习计划和玩耍时间后，尝试让男孩自主管理。男孩做得好，家长给予积极地赞扬；男孩做得不好，家长提出意见，帮男孩改正。

3 用积极的话语代替命令的话语

家长在引导男孩自我管理时，把命令式的话语改为

“我信任你”“我觉得你能做到”等带有激励性的话语，男孩就会认真学习和管理生活，约束自己不好的习惯；或者家长说“爸爸妈妈有自己的事情要忙，我们知道你能做好自己的事”，男孩在家长的正向引导下，会形成良好的自我管理习惯。

小结

家长要注重培养男孩的自我管理能力，让男孩学会自我管理要比依靠家长管教好很多。

家长不焦虑，引导男孩化学习压力为动力

有些男孩常常抱怨说“学习太累了”“为什么要学这么多”“能不能不学”，当男孩感到学习有压力的时候，学习就会受到阻碍。家长看到男孩有学习压力，也会感到焦虑。我们来看下面的例子：

小田每次考试都名列前茅，可是上次期末考试没考好，他想着要更加努力地学习，争取这次考回原来的名次。可是因为心理压力大，他学习的时候注意力不太集中，最近学的好多知识点都没有掌握好。

爸爸看到孩子学习受到阻碍，担心孩子学习成绩

一落千丈，感到十分焦虑。但是爸爸调整好自己焦虑的心态，开始耐心地引导小田：“在学习中遇到阻碍不可怕，可怕的是被一时的压力吓退。”爸爸接着说：“有时候适当的压力是好事，学会释放压力，积极地把压力化为动力，迎头赶上才能摆脱烦恼。你说对吗？”小田听了爸爸的话，感觉有了动力，知道自己该怎么做了。

男孩面对学习压力无法应对的原因

◆ 解决问题的能力差。男孩面对学习中遇到的困难，比如名次的竞争、成绩的下滑，不知道该怎么办，想要逃避。

◆ 心理承受能力弱。男孩平时学习顺利还好，可是遇到学习困难时，尤其是很多问题堆积到一起时，就容易陷入困境中，无力承受。

家长怎么做

当男孩产生学习压力，一时不知道该怎么解决时，家长可以进行引导，让男孩学会面对压力、释放压力，从压力中找到方法，化压力为动力，克服面前的困难。

1 引导男孩调整心态

当男孩产生学习上的压力时，家长首先要做的是帮助他们调整好心态。家长可以耐心地告诉男孩："遇到困难产生压力很正常，不要过分夸大学习困难，把困难想象得很可怕，一定要学会先让自己冷静下来。面对困难阻碍时的心态非常重要，有一个积极的心态，是解决困难的关键。"

2 让男孩学会面对困难，尝试一步步解决困难

（1）直面困难。当男孩在学习的过程中遇到阻碍时，家长一定要教给男孩客观看待问题产生的原因，而不是一遇到困难就逃避。

（2）解决困难。家长要告诉男孩，面对困难时，一定

要想好应对办法，先解决主要问题，再解决次要问题，把大困难分解成小困难，把一个个小困难解决好，大困难自然就化解了。

3 提高男孩的心理承受能力

如果男孩在解决困难的时候屡次受挫，家长可以鼓励男孩说：“伟大的科学家在进行实验研究的时候也会遭遇困难，每失败一次就离成功更近一步，失败不可怕，失败是正常的。”有了这样的心理预期，男孩就不会对失败产生莫大的畏惧心理，心理承受能力就相对提高了。

小结

家长在管教孩子学习时，要克服焦虑情绪，把正面情绪传递给男孩，孩子才能积极应对学习中的各种挑战。同时，家长也要提高男孩的心理承受能力和抗压能力，让他们在学习感到有压力时，积极化压力为动力，才能更好地学习。